BAD BADTZ-MARU × Il Principe

バッドばつ丸の『君主論』

逆境でも運命を制する技術

朝日文庫

はじめに

ルネサンス時代、
フィレンツェの書記官だったマキャベリ。
当時、繁栄を謳歌していたフィレンツェは、
常に他国と争いごとが絶えませんでした。

彼は領主に『君主論』を献上し
君主として民衆を治め、
自国を守る力を得るための、
心構えとノウハウが説きました。

そこには、現代にも通じるような
人間関係を円滑にしたり、
トラブルを防ぎ、起きたときには対処できる、
強さや柔軟さを育てるテクニックが
書かれています。

バッドばつ丸の将来の夢は、
社長になること。

仲間をまとめて、信頼されて、
ピンチにも負けず、
目標に向かって頑張れる、
そんな力を養うために……。

ばつ丸と一緒に『君主論』を
学びましょう！

KEYWORDS

12 お互いを信じることがすべての始まり。

15 変化は起こりにくい。
   でもいったん始まれば次々と化学反応が起きる。

16 「平和」な環境が続くと変化することを忘れてしまう。

17 「トの人が代われば、いまよりもっと良くなるはず」
   それって、思い込みかもよ。

18 ささいなことが誰かを大きく傷つけることもあり得る。

19 本音や空気感がリアルに伝わる場所にいよう。

20 ただ眺めているだけではトラブルの芽を見落としてしまう。

21 小さないじわるやそっけない態度は
   いつかキミに返ってくる。

22 不満を和らげるため、といって何でも許すのは危険。

23 遠い将来に起こりそうなあらゆるトラブルを
   常にイメージしよう。

24 他人を傷つけるなら、徹底的にやりとげる覚悟を持とう。

26 避けられない争いごとには「先手必勝」で向かい合おう。

27 グズグズしていると
悪いことが勝手にやってきてしまう。

28 大事に育て上げた人が
いつか手強いライバルになることもある。

29 誰かの成功例を真似ても同じようにはできないし、
超えることもできない。

30 目標はできるだけ高いほうがいい。
偉大な人物を手本にしよう。

31 いまあるチャンスを摑むのも逃すのもキミ次第。

32 実績がないと人は本気では信じてくれない。

33 自分の力で上に這い上がる?
誰かに引き上げてもらう?　キミはどっちのタイプかな。

34 人の気持ちは変わりやすい。
相手をつなぎとめておく手間を惜しまずに。

35 大きな成功と、強くなった自分に出会うため、
壁を乗り越える努力をしよう。

36 古い習慣やしがらみを捨てて、
ゼロから新しく作り直そう。

37 「運」だけで成功してもあとで苦労するだけ。

38 人の上に立つには才能や力を養う時間と訓練が必要。

39 比べず、焦らず。まずはしっかりと根を張ろう。

40 いつからでも遅くない。身につけたほうがいいこと、
足りないことは学び続けよう。

41 つまらないと思っても「基礎」を大切にしよう。

42 「残酷」にならなきゃいけないときがある。

43 不安を抱えている人、自信が持てない人ほど攻撃的になる。

44 その人の良いところは、何度でも褒めること。

45 良いことも悪いこともすぐに反応できるように
仲間の輪の中にいよう。

46 損得ぬきで付き合える
心から信頼できる人はかけがえのない宝もの。

47 その温かい一言が、人の警戒心を解くきっかけになる。

48 良いときも悪いときも支えてくれる心強い仲間を作ろう。

49 他人に任せきりだといざというとき、
誰も意見を聞いてくれない。

50 順風満帆なときはみんながキミのもとに集まってくる。

51 苦境に立たされたときキミの隣には
誰が残ってくれるだろうか。

52 力のある人よりもまずは
身近な人を確実に味方につけること。

53 十分な準備と仲間がいれば、
どんな場面でも積極的に打って出られる。

54 他人の力ばかりを頼りにしていると
生き方の選択肢が狭まっていく。

55 尽くしている相手ほど、なぜか愛おしく感じる。

56 有能な人を信じすぎるのは危険。足をすくわれるかも。

57 自分で選んだ人でも期待外れなら手放したほうがいい。

59 数よりも質にこだわろう。
少数精鋭のほうが小回りがききやすい。

60 仲間のやる気は絶妙なバランスでコントロールしよう。

61 最大限の力を発揮してもらうために環境を整えよう。

62 助けを求めるときは慎重に相手を見極めよう。

63 他人の力に頼る前に自分自身で考えて、
可能性を広げよう。

64 自分の運命は自分で決める。他人にゆだねないこと。

66 机上の空論では何を言っても、人には届かない。

67 目に見えない部分こそ、慎重に丁寧に物事を進めよう。

68 人から尊敬されたいなら、たくさん経験をつんで、
誰よりも勉強しよう。

69 知識を吸収し自分で考える。
そして、速やかに実践する。

70 迷ったとき、変わりたいとき、
一冊の本が、道標になる。

71 理想と現実にはギャップがあって当たり前。

72 楽しい未来ばかり想像しないで
足元をしっかり見つめよう。

73 いろんなタイプの人と付き合って、「免疫」をつけよう。

74 悪い評判は広がりやすい。
自分の言動には責任を持とう。

75 たとえ誤解されても、やるべきことはやろう。
いつか真意が伝わるはず。

76 お金は使い始めたらキリがない。
身の丈にあった生活をしよう。

77 節約できるところは節約。
貯まったお金はみんなの笑顔のために使おう。

78 ちっぽけな見栄なんて捨てて堂々とケチになろう。

79 求められるままに与えていたらすべてを失ってしまう。

80 愛情を注いでくれる人を無意識に傷つけていない？

81 間違った同情は相手のためにならない。

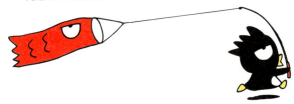

83 一度失ってしまった信頼を取り戻すのはとても難しい。

84 「情」に流されず、自分の役割を貫くこと。

85 毅然とした態度で、アメとムチを上手に使い分けよう。

86 不用意に動かず、簡単に信じすぎず、
でも、疑いすぎないこと。

87 愛されることと恐れられることは両立しがたい。

88 そもそも人間は気分屋で、偽善的で欲深いもの。

89 利害で結ばれた関係はいざというとき当てにならない。

90 損な役だと思っても、あえて怖がられる存在になろう。

91 厳しく叱るときには説得力のある理由を用意すること。

92 恩を仇で返されても、気にしない。
それはしょうがないこと。

93 恨まれることだけは何があっても絶対に避けよう。

94 評判や見た目の良さに惑わされず、
自分自身で本質を確かめよう。

95 相手にあわせてアプローチ方法を変えるのは、
大事なスキル。

96 口約束は果たされるとは限らない。信じ過ぎないこと。

98 「舞台女優」気分で、臨機応変に役割を演じよう。

99 本当は自信がなくても堂々と振る舞えば印象を変えられる。

100 いつまでもひとつのやり方に固執しないこと。

101 時代や状況の変化にしなやかに対応しよう。

102 正論が通らないときは潔く妥協することも
選択肢のひとつ。

103 優れた人が兼ね備えている「5つの気質」。

104 まずは外見から「こう見られたい自分」を
プロデュースしよう。

105 たいていの人はプロセスは見ずに結果で判断する。

106 一度決断したことは、簡単にひっくり返さない。

107 「力」がなくても、「人」があなたを守ってくれる。

108 本当の味方は「あの人」かもしれない。

109 カタチを整える前に、仲間の気持ちをまとめよう。

110 まずは自分から、お手本を見せること。

111 決断力のない人ほど中立の立場でいようとする。

112 ベストな選択ができなければ第2、第3の道を探せばいい。

113 実力のある人には、どんどん任せよう。

114 人は感情で動くもの。安心感を与えられる存在になろう。

115 みんなが楽しめるイベントを企画してみよう。

116 リーダーの能力はメンバーを見ればわかる。

118 自分に不可欠な、手放したくない人には手厚いフォローを。

119 正しい情報を掴む目と耳を養おう。

120 調子が良いときこそ、起こり得るトラブルに備えよう。

121 人の助けはアテにしない。
「もしも」のときへの対策は自力で練っておこう。

122 起きてしまったことの半分は運命の仕業。
残りの半分は自分の責任。

123 たったひとつの傷口から、被害は次々と広がっていく。

124 運命は変化するもの。
流れに合わせて、やり方を変えてみよう。

125 慎重すぎてはタイミングを逸してしまう。
無謀なくらいがちょうどいい。

126 運命の女神を自分の力で振り向かせよう。

お互いを信じることが
すべての始まり。

何事かを成し遂げるには周囲との信頼関係がカギになる。ささいな亀裂も見逃さず、お互いに違和感を抱いてないか、密にコミュニケーションを取るように意識しよう。

いったん信じた大衆をつなぎとめておく手段を、そして信じない者を信じこませる手段をもちあわせていなかった。したがって、（略）行く手にも、ありとあらゆる危険が立ちふさがってしまう。

『第6章』

変化は起こりにくい。でもいったん始まれば次々と化学反応が起きる。

大きな変化が起きるときでも、初めのうちは、その兆しは見えにくい。けれど、一度、何かが変わると弾みがついたように次の変化が生まれる。大きく変えたいものがあるなら、まずは小さなことから変えてみよう。

変革というものはひとたび起きると、かならずつぎの変革を構築するもので、いわば歯型の石壁をのちのちに残していく。『第2章』

「平和」な環境が続くと
変化することを
忘れてしまう。

長く続いていることほど、やめようとするとき反発も強くなる。新しいものを受け入れてもらうためには大きなエネルギーが必要。でも成長を望むなら、恐れずに新たなことに挑戦する心を忘れずにいよう。

古くから連綿と君位が続いていれば、革新の記憶も動機も消え去ってしまう。『第2章』

「上の人が代われば、
いまよりもっと良くなるはず」
それって、思い込みかもよ。

リーダーが別の人に代われば状況は好転する。そう思いたくなる、気持ちは良くわかる。でも実際はトップが代わっても期待ハズレ、ってこともあるよ。

民衆は以前よりよくなると信じて、すすんで為政者を変えたがるものであり、この信念で、武器を手にして為政者に立ち向かってくる。『第3章』

ささいなことが
誰かを大きく傷つけることも
あり得る。

気づかないうちに少しずつ他人を傷つけ痛みを与えているかもしれない。いつか相手の堪忍袋の緒が切れて、取り返しのつかない事態になる前に言動を振り返ろう。

変革の事態を生むもう一つの原因は、(略)征服時につきまとう他の数えきれない加害行為によって、どうしても住民の心を傷つけてしまうという、よくある必然性による。『第3章』

本音や空気感が
リアルに伝わる場所にいよう。

仕事でも友人関係でも、人の本音や雰囲気は、そばにいるからこそ伝わってくる。誤解や行き違いがあっても、近くにいればすぐに対応できるし、相手との関係もより深いものになる。

現地に住みつけば、不穏な気配が生じてもそれを察知して、すみやかに善後策が立てられる。『第3章』

ただ眺めているだけでは
トラブルの芽を
見落としてしまう。

他人からの情報や報告だけを鵜呑みにして、現場から遠く離れていると、肝心なことに気づかない。できるだけ「その場」に足を運ぶこと。そうすればトラブルの芽にも早く対応することができる。

離れていれば、やっと耳に入るのは、暴動が大きくなってからで、策の打ちようがなくなってしまう。『第3章』

小さないじわるや
そっけない態度は
いつかキミに返ってくる。

失礼な言動や態度をとったことを本人が忘れてしまっても、相手はずっと覚えている。そして、いつの日か何倍にもなって返ってくる可能性だってある。先々のことも考えて慎重に行動すること。

人はささいな侮辱には仕返ししようとする（略）。『第3章』

不満を和らげるため、
といって
何でも許すのは危険。

不満を持たせないように、分不相応な役割や権限を与えると、意図せず自分に歯向かってくるリスクもある。相手が満足できる、ほどよい立場を任せるのが上手な方法。

弱小国にたいして、極端に大きな勢力や権限をもたせないようにすることだ。(略) つぎつぎと強国を叩いていけば、文句なしにこの地域の覇者(はしゃ)となれる。『第3章』

遠い将来に起こりそうな
あらゆるトラブルを
常にイメージしよう。

忙しくて目の前の問題が山積みだと、ずっと先のことは後回しにしがち。でも、デキる人は、将来、起こり得る問題についても想定し真剣に対策を練っている。

名君は、たんに目先の不和だけでなく、遠い将来の不和についても心をくばるべきであり、あらゆる努力をかたむけて、将来の紛争に備えておくべきだ。『第3章』

他人を傷つけるなら、
徹底的にやりとげる
覚悟を持とう。

どうしても他人を傷つけてしまうなら、最後まで冷酷にやりとげる覚悟を持とう。歴史に名を残す戦国時代の武将に、戦った相手とその家族を容赦なく死に追い込むエピソードがある。のちのち、復讐されないよう、自分を守るために必要な知恵だよ。

人に危害を加えるときは、復讐のおそれがないようにやらなければならない。『第3章』

避けられない争いごとには 「先手必勝」で向かい合おう。

「できれば争わずに、穏便にすませたい」と尻込みしていると、相手に有利な状況になってしまって、解決が難しくなることも。どうしても譲れない大切なことがあるときには、相手と真正面から向かい合い、戦う勇気を持とう。

戦争は避けられるものではなく、尻ごみしていれば、敵方を利するだけということを熟知していたからだ。『第3章』

グズグズしていると
悪いことが
勝手にやってきてしまう。

「果報は寝て待て」とは言うけれど、待ちの姿勢だけでは何がやってくるかわからないし、望む未来を手にできるとは限らない。攻めの姿勢で行動したほうが、もっと大きな幸せを掴み取れるかも。

時を待てば、何もかもがやってくる。良いことも悪いことも、いずれかまわず運んできてしまう。『第3章』

大事に育て上げた人が
いつか手強いライバルに
なることもある。

何事も真剣に取り組む努力家で、結果も出す。そんな後輩を指導して、きちんと評価してポジションも与える。それは正しいこと。でも、いつか自分のライバルになることもあるという、緊張感も忘れずに。

ほかの誰かをえらくする原因をこしらえる人は、自滅するということだ。『第3章』

誰かの成功例を真似ても 同じようにはできないし、 超えることもできない。

何かに挑戦するとき、経験者のやり方をそのまま真似するだけでは、うまくいかないよ。能力には個人差がある。成功例を参考にしながら、自分なりの方法を考えよう。

人間はおおかた、他の人がかつて歩んだ道を踏みしめ、先人の行動を模倣しつつ進もうとする。それでいて（略）目標の人物の力量にまで達することはできない。『第6章』

目標はできるだけ
高いほうがいい。
偉大な人物を手本にしよう。

成功したい、成長したいと願うなら、自分が憧れる成功者や偉人を目標にしよう。目指すものが高ければ高いほど、たとえ目標ラインに達せなくても、自然とキミ自身も高いレベルにたどり着ける。

賢い人間であれば、先賢の踏んだ足跡をたずね、並はずれた偉人をこそ、つねに範とすべきであろう。『第6章』

いまあるチャンスを
摑むのも逃すのもキミ次第。

新しいことに挑戦するチャンスは、そう頻繁には訪れない。迷っているうちに他の人に機会を奪われてしまうかもしれない。自信の有無よりも「やってやるぞ!」という気合こそが、成功の第一歩なんだ。

チャンスがめぐってこなければ、彼らの胸に意気込みが生まれなかっただろうし、その気概がなかったなら、チャンスがあっても無意味だったろう。『第6章』

実績がないと人は本気では信じてくれない。

人は、見たことがない新しいものよりも、慣れ親しんだやり方や過去の実績を信用しがち。一気に物事を進めようとは思わず、まずは小さな成功を積み重ねていこう。やがて確かな信用を得られるよ。

人間の猜疑心、つまり、確かな経験を積むまでは新しいことを本気で信じようとしない気持からくる。『第6章』

自分の力で上に這い上がる？
誰かに引き上げてもらう？
キミはどっちのタイプかな。

上のポジションを目指すとき、自分の力だけを信じて這い上がるタイプと他人の力を借りて引き上げてもらうタイプがいる。今は同じポジションでも、自分で這い上がったほうが、その後に差がでてくるんだ。

まず改革を目ざす君主が、はたして自力によったか、それとも第三者をあてにしたかを調べなければならない。『第6章』

人の気持ちは変わりやすい。
相手をつなぎとめておく
手間を惜しまずに。

説得を重ねてようやく納得してもらえたことでも、時間が経つと、相手の気が変わってしまうことがある。大事なことほど油断せずに、相手の気持ちをつなぎとめる努力を怠らないこと。

民衆に何かを説得するのは簡単だが、説得のままの状態に民衆をつなぎとめておくのがむずかしい。『第6章』

大きな成功と、
強くなった自分に出会うため、
壁を乗り越える努力をしよう。

大きな壁ほど、腰がひけてしまうもの。でもここが「勝負どころ」だと、腹をくくろう。他人の目なんて気にせず、試行錯誤を繰り返す。その頑張りは必ずキミの力になる。

それらの危険をひとたび克服し、自分の立場に妬みをいだく連中を滅ぼして、尊敬されはじめると、彼らの勢力は強くなり、安定し、栄光と繁栄をみる。『第6章』

古い習慣やしがらみを捨てて、
ゼロから新しく作り直そう。

長年続けていたやり方が、うまくいかなくなるときがある。いまの環境に合わないなら、思い切ってリセットしてみよう。ゼロから始めたほうが効率もいいし、完成度も高くなるよ。

古い軍制を廃して新しい制度を布いた。古い交友を捨てて、新しい盟友をつくった。(略)この基盤のうえに、思うままに建造物を築くことができた。『第6章』

「運」だけで成功しても
あとで苦労するだけ。

譲ってくれる人がいて希望のポジションにつけたとか、練習していないのに凄い技が一回で成功したとか。たまたま運に恵まれたとしても、それは不安定なもの。運に頼りすぎは禁物だよ。

ただ運に恵まれただけで君主になった人々は、労せずして君位を得たとしても、国の維持にあたっては大いなる苦難にみまわれる。『第7章』

人の上に立つには
才能や力を養う
時間と訓練が必要。

下の立場のときには理不尽に思えていたことも、いざ自分が上の立場になると初めて理解できることもある。誰しも、そうなる可能性があるから、経験や能力を養おう。

これまで一介の市民の境遇でずっと暮らしてきたから、よほどの才能や力量の持主でもなければ、人に命令するのがわからないのも無理からぬことである。『第7章』

比べず、焦らず。
まずはしっかりと根を張ろう。

芽吹いたとたん無理に成長を急ぐと、強風や雨で簡単になぎ倒されてしまう。まずは、しっかり根をはり土台を作ろう。そうすれば、嵐や大雨にもビクともしなくなるよ。

突然できあがった国は、あたかもある自然の恵み（植物）が、生まれるとすぐどんどん成育するようなもので、十分に根をおろし、ひげ根をのばせないうちに、はじめての悪天候でうちのめされてしまう。『第 7 章』

いつからでも遅くない。
身につけたほうがいいこと、
足りないことは学び続けよう。

仕事でも趣味でも、ステップアップするためには勉強や練習が欠かせない。「あの人より劣っている」「この分野が苦手かも」そう思ったときこそ、成長するチャンス。諦めずに、コツコツと学び続けよう。

君主になる以前からしておく基礎工事を、後にずれたにせよ、引き続き取りかかる器量がなければ、むりである。『第7章』

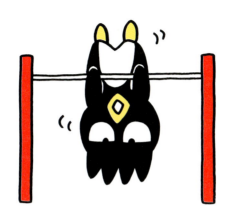

つまらないと思っても「基礎」を大切にしよう。

基礎練習ほど、退屈に感じるものはない。でも、基本ができないまま次の段階に進んでも、思い通りにはならないはず。まずは地道に基礎をマスターしよう。

人は、はじめのうちに基礎工事をしておかないと、あとになって基礎づくりをしても、多大の努力がいることになる。『第7章』

「残酷」にならなきゃいけない
ときがある。

できればいつも平和に、みんな仲良くできたらいい。でも必要に迫られて、厳しい覚悟をしなければいけない場面もある。決断したら、その後は引きずらずに、いつも通りに戻ること。

自分の立場を守る必要上、残酷さをいっきょに用いて、そののちそれに固執せず、できるかぎり臣下の利益になる方法に転換する（略）。『第8章』

不安を抱えている人、
自信が持てない人ほど
攻撃的になる。

恋人や家族との関係や仕事がうまくいっていないときに、そのイライラと不安の矛先を無関係の相手に向ける人がいる。そんな人の態度は真に受けるだけムダ。さらっと受け流そう。

とかく臆病風に吹かれたり、誤った助言に従って、逆のことをやってしまうと、その人は必然的に、いつも手から短剣が放せなくなる。『第8章』

その人の良いところは、何度でも褒めること。

人間は自分を評価してくれる相手のために頑張ろうと考える生き物。褒め言葉や感謝の言葉は、「一度で十分」とは思わずに、何度でも伝えよう。それが相手のモチベーションを保つ秘訣。

恩恵は、よりよく人に味わってもらうように、小出しにやらなくてはいけない。『第8章』

良いことも悪いことも
すぐに反応できるように
仲間の輪の中にいよう。

チームのまとめ役になったら、各メンバーの動きに気を配ろう。問題の元は未然に防ぐ。トラブルには迅速に対応する。そのためにも、いつも仲間の輪の中にいよう。

君主はなによりも自分の臣下と起居を共にして、よきにつけあしきにつけ、突発的な事態によって自分の行動が左右されないようにしておかなくてはいけない。『第8章』

損得ぬきで付き合える
心から信頼できる人は
かけがえのない宝もの。

大人になると、ビジネスライクな建前だけの関係も少なくない。そんな中で、心から信頼し合える人は貴重。キミのことを心底考えてくれる相手と出会えたら、ずっと大切にしていこう。

しっかりとあなたと結びついていて、しかも強欲でない人であれば、賞揚し大切にすべきである。『第9章』

その温かい一言が、
人の警戒心を解く
きっかけになる。

自分のことを嫌っている、低く評価していると警戒している相手から、思いがけず優しくされると、一気に親しみがわくもの。ギクシャクしている相手こそ遠ざけずに、こちらから心を掴むように行動しよう。

人間というものは、危害を加えられると信じた人から恩恵を受けると、恩恵を与えてくれた人に、より以上の恩義を感じるものだ。
『第9章』

良いときも悪いときも
支えてくれる
心強い仲間を作ろう。

順調なときも苦境のときも、変わらずに助けてくれる仲間ほど心強いものはない。相手が困っていたらできるかぎりのことをする、約束は必ず守る。そうしてお互いを必要とする関係作りを心がけよう。

賢明な君主は、いつ、どのような時勢になっても、その政権と君主とが、市民にぜひとも必要だと感じさせる方策を立てなくてはいけない。『第9章』

他人に任せきりだと
いざというとき、
誰も意見を聞いてくれない。

何事も、人に任せきりで自分では動かない人の意見なんて、いざというとき誰も真剣に耳を傾けないはず。肩書だけの上司より、人は日頃から頼りにしてきた相手に従うものだよ。

これまで長官の命令に慣れ従ってきた市民や領民は、非常事態にさいして、君主の命令に耳をかそうとしない。『第9章』

順風満帆なときは
みんながキミのもとに
集まってくる。

成功している人の周りには、さまざまな人が集まる。心からキミのことを大事に考えている人から、成功にあやかろうと近づいてくる人まで。都合が良すぎたり、大げさすぎる話を持ちかける相手には注意しよう。

死がはるか彼方にあるときは、誰もが、わが君のために死をも辞さない、と言ってくれる。『第9章』

苦境に立たされたとき
キミの隣には
誰が残ってくれるだろうか。

成功していた人が落ち目になると、潮が引くように周りから人がいなくなる。一番の支援者だと思っていた人に冷たい態度をとられるかもしれない。どんな状況でも側にいてくれる人こそ、本気で大切にしよう。

いざ風向きが変わって、君主がほんとうに市民を必要とするとき、そんな人間はめったに見つかりはしない。『第9章』

力のある人よりも
まずは身近な人を
確実に味方につけること。

上司や先輩など「力のある人」に媚びているより、同僚や後輩、立場の弱い人を大切にするほうが人望は集まる。たくさんの人を味方にできれば、逆境だって乗り越えられるんだ。

君主は民衆を味方につけなければならない。そうでなくては、逆境にあって対策の立てようがない。『第9章』

十分な準備と仲間がいれば、どんな場面でも積極的に打って出られる。

勝負事や冒険を成功させるには、十分な準備とサポートしてくれる仲間が必要。備えがあれば、安心して積極的に前に進める。仲間は、自分の力で見つけ出すしかない。

独力で守れる国々とは、豊富な人的資源や財力によって適切な軍隊を備え、いかなる侵略者にたいしても、野戦をいどむことができるものをいう。『第10章』

他人の力ばかりを
頼りにしていると
生き方の選択肢が狭まっていく。

他人の力を借りることは悪いことではない。
でも依存しすぎると、自分の足で立てなくなる。自由に、キミらしく生きるために、精神的にも経済的にも自立心を養おう。

つねに第三者を必要とする国々とは、野に出て敵と対峙することができず、城塞に引きこもって敵勢を迎えうつものをさす。『第10章』

尽くしている相手ほど、
なぜか愛おしく感じる。

不思議なことに、自分を大切にしてくれる人よりも、自分が尽くしている相手のほうに愛着を感じることがある。「こんなに気にかけているのだから、いつか応えてくれるはず」そんな期待があるからかな。

人間というものは、その本性から、恩恵を受けても恩恵をほどこしても、やはり恩義を感じるものである。『第 10 章』

有能な人を信じすぎるのは危険。
足をすくわれるかも。

有能な人がサポートしてくれることを、手放しで喜んでいるのは危険。何かのきっかけで相手が敵になる可能性だってある。キミのことをよく知っていて、しかも有能。こんなに怖いライバルはいない。

かりに逸材であれば、信頼するわけにはいかない。(略)あなたの意志に背いて、べつの勢力まで制圧してしまったり、きまって身の栄達を望むのである。『第12章』

自分で選んだ人でも期待外れなら手放したほうがいい。

キミが自信を持って、大切なポジションに推薦した人だとしても、チームでうまくいかなかったら、情や責任を感じて、見限ることを躊躇するかもしれない。でも、人に嫌われても決断するときはしなきゃダメだよ。

<small>選抜した市民が有能でないとわかれば、更送(こうてつ)しなくてはならない。</small>
『第 12 章』

数よりも質にこだわろう。少数精鋭のほうが小回りがききやすい。

大きなプロジェクトだからといって、やたらと人数を集める必要はない。計画を達成できる最小限の仲間を選び抜こう。「少数精鋭」のほうが、無駄が減るし、コミュニケーションも行き届いて絆も深まるよ。

なんとか養える範囲内で、しかも名声を博するのに少人数ですむ騎兵隊にかぎったのである。『第12章』

仲間のやる気は
絶妙なバランスで
コントロールしよう。

仕事やスポーツで、仲間の力を最大限に引き出すためには、リーダーの力量が問われる。方向性や役割分担を明確に伝えて、チームが目標に向かって進めるように、上手にコントロールすることが大事だよ。

逆に有能なときは、目的を逸脱しないように法律で抑えておかなくてはいけない。『第12章』

最大限の力を
発揮してもらうために
環境を整えよう。

心配事や不安があると、本来の仕事になかなか集中できない。みんなが気持ちよく、全力で働けるための環境作りも大切な仕事。疲れていたり表情が浮かない人がいたら、じっくり話を聞こう。

彼らは懸命の努力をして、わが身はもとより、兵士の労苦や恐怖心をとり除こうとした。『第12章』

助けを求めるときは
慎重に相手を見極めよう。

どうしても自分の力だけでは乗り越えられないなら、他人に助けを求めるのもひとつの方法。でも人選を誤ると大変。失敗したときは巻き添えをくらい、成功しても相手に主導権を握られてしまうリスクがあるから、気をつけて。

支援軍が負けると、あなたは滅びるわけで、勝てば勝ったで、あなたは彼らの虜になってしまう（略）。『第13章』

他人の力に頼る前に自分自身で考えて、可能性を広げよう。

安易に他人の力を借りずに、できるだけ自分の力で勝負をしよう。そのために日頃から、さまざまなことを学び、人との関係作りを怠らない。そうして未来を切り開こう。

賢明な君主は（略）自国の軍隊に基礎をおく。そして、他国の兵力をかりて手にした勝利など本物ではないと考えて、第三者の力で勝つぐらいなら、独力で負けることをねがった。『第13章』

自分の運命は
自分で決める。
他人にゆだねないこと。

仕事・恋人・友人・家族の問題。これを成り行き任せにすると、思いがけない出来事が、キミの人生を予期せぬ方向に押し流してしまうかも。何があっても「自分のことは自分で決める」強い意志を持とう。

ひとたび逆境ともなれば、自信をもって国を守っていく力がないから、なにごとにつけ運命まかせになる。『第13章』

机上の空論では何を言っても、 人には届かない。

肩書と話す内容だけは立派だけど、たいして仕事をしていない人っているよね。そんな人からお説教されても、右から左へ受け流してしまう。「人を動かしたいなら、まずは自分が動くこと」を肝に銘じよう。

「この世の物ごとのなかで、みずからの力に基づかない権力者の名声ほど、もろく、当てにならないものはない」とは、古来、賢人が語ってきた見識であり箴言である。『第13章』

目に見えない部分こそ、
慎重に丁寧に
物事を進めよう。

外観を美しく飾ることばかりに一生懸命になって、肝心の柱や壁はコストをかけず、手抜き工事で作ってしまう。そんな建物は立派に見えても、災害があったら簡単に崩れてしまうだけ。

君主が、軍事力よりも優雅な道に心を向けるとき、国を失うのは明らかである。『第14章』

人から尊敬されたいなら、
たくさん経験をつんで、
誰よりも勉強しよう。

周りの人から、軽く見られているような気がする……。そう感じるのは、まだ知識や実力が身についていないから。悔しさをバネに、たくさん勉強して、経験を積んで、みんなに頼られる存在になろう。

軍事に精通していない君主は、(略) どんな不幸にもまして、配下の兵士から尊敬されないことになる。『第14章』

知識を吸収し自分で考える。
そして、
速やかに実践する。

語学や資格の勉強、スポーツや趣味。どんなことでも、極めるには、日々の練習が欠かせない。たくさんの知識を得て、理論立てて学ぶこと、実際にやって自分の体に覚えこませること、いつも忘れないで。

訓練には二つの方法がある。一つは行動によるもの、もう一つは頭を使ってするものである。『第14章』

迷ったとき、
変わりたいとき、
一冊の本が、道標(みちしるべ)になる。

一人の力で得られる知識や経験は限られる。でも本を通してなら、ありとあらゆる知識や優れた人の生き方を学べる。いまを変えたいとき、人生に迷ったときこそ、本を読もう。新しい世界へ導いてくれる。

君主は歴史書に親しみ、読書をとおして、英傑のしとげた行いを考察することが肝心である。『第14章』

理想と現実には
ギャップがあって
当たり前。

理想にこだわりすぎて、現実に目が向いていないと、大きなミスを犯すことがある。たとえ理想とかけ離れていたとしても、いまあるものからベストな選択をする。それが理想に近づく第一歩になる。

人が現実に生きているのと、人間いかに生きるべきかというのとは、はなはだかけ離れている。『第15章』

楽しい未来ばかり想像しないで
足元をしっかり見つめよう。

「将来こうなっていたいな」と夢を見るのも大事なこと。でも、「遠い将来」ばかり妄想していると、「いま」目の前に近づく最悪の事態に気づけないかもしれないよ。まずは、足元をしっかり固めること。

人間いかに生きるべきかを見て、現に人が生きている現実の姿を見逃す人間は、自立するどころか、破滅を思い知らされるのが落ちである。『第15章』

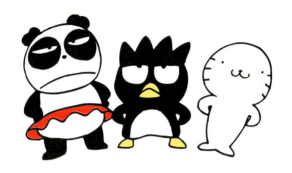

いろんなタイプの人と付き合って、「免疫」をつけよう。

親切な人、いじわるな人、素直な人、裏表のある人。世の中にはいろんな人がいる。あえて苦手な相手とも付き合うことで、どんなタイプにも対処できるようになろう。

<small>善い行いをすると広言する人間は、よからぬ多数の人々の中にあって、破滅せざるをえない。『第15章』</small>

悪い評判は広がりやすい。
自分の言動には
責任を持とう。

どんなに真面目で優秀で優しい人のことでも、隙あらば欠点を見つけて悪口を言おうとする人もいる。たったひとつのミスが致命的な評価に繋がることもある。くれぐれも慎重に振る舞うこと。

君主たるものは、用心深く、地位を奪われかねない悪徳の汚名だけは、避けるべきである。『第 15 章』

たとえ誤解されても、やるべきことはやろう。いつか真意が伝わるはず。

猛反対されたり批判されたりしても、みんなのためになることは迷わずやろう。その結果、一時期、険悪な関係になったとしても、のちのち、人の心は必ず戻ってくる。

美徳と見えても、これをやっていくと身の破滅に通じることがあり、(略)表向き悪徳のようにみえても、それを行うことで、みずからの安全と繁栄がもたらされるばあいがあるからだ。『第15章』

お金は使い始めたらキリがない。
身の丈にあった
生活をしよう。

見栄のためにいつも周りにごちそうしたり、高い洋服やバッグ、流行りの店での外食に散財していたら、お金がいくらあっても足りないしトラブルの元。収入に見合った生活を心がけよう。

大勢の人々のあいだで、気前がよいという評判をとおそうとすれば、必然的に奢侈に類する事がらから抜けられなくなる。『第16章』

節約できるところは節約。
貯まったお金は
みんなの笑顔のために使おう。

働いて手にしたお金をムダ使いしないよう心がけながら、ときには人のために使ってみよう。親や兄弟、友人へのプレゼントもいいし、困っている人への寄付もいいね。

君主の節約心によって（略）民衆に負担をかけずに大事業（戦争）に乗りだせる人物だと知れれば、時がたつにつれて、この君主は、おおらかだとの評判をいっそう高めるからだ。『第16章』

ちっぽけな
見栄なんて捨てて
堂々とケチになろう。

大成功をおさめている大金持ちほど、お金の使い方にシビアだったりする。それは他人の目を気にして、見栄を張ることの弊害を知っているから。何かを成し遂げたいなら、まずは節約から始めてみよう。

大事業はすべて、けちと見られる人物の手によってしかなしとげられていない。『第16章』

求められるままに
与えていたら
すべてを失ってしまう。

人からの頼まれごとを断れずに引き受けていたら、相手も遠慮なく求め続けてしまう。その結果、あなたがすべてを失っても、相手は助けてくれない。引き返せるうちに、断る勇気を持とう。

気前のよさを売り物にしているうちに、いつしかあなたは自由に使える財力をなくしてしまう。『第 16 章』

愛情を注いでくれる人を
無意識に
傷つけていない?

目上の人や偉い人には気を遣って、言葉遣いも慎重なのに、親しい相手にはズケズケと言いたい放題。それは相手が自分のことを嫌いにならないと甘えているだけだよ。「親しき仲にも礼儀あり」を意識しよう。

人間は、恐れている人より、愛情をかけてくれる人を容赦なく傷つけるものである。『第17章』

間違った同情は
相手のために
ならない。

仕事でミスをして落ち込んでいる人に慰めの言葉をかける。でも、ただ慰めるだけでは、また同じ失敗を繰り返すかもしれない。ミスが起きた原因、対策を一緒に考える。そして背中を押すのも、仲間の仕事。

恩情にしても、へたなかけかたをしないように心がけなければいけない。『第17章』

一度失ってしまった信頼を
取り戻すのは
とても難しい。

人として尊敬できない人の話なんて、誰も
聞こうとしないよね。もし人の上に立つこ
とになったときは、バカにされたり、恨ま
れたりしないように、まずは日々の生活を
振り返ろう。

君主が厳に戒めなければならないのは、人にさげすまれることと、
恨みを買うことだ。『第16章』

「情」に流されず、
自分の役割を貫くこと。

チーム内にはそれぞれ役割がある。リーダーの役割は、目標までメンバーをリードして結果を出すこと。「嫌われてもいい」。そう割り切って、みんなのお尻を叩こう。結果に繋がれば自然と人望も集まる。

君主たる者は、自分の領民を結束させ、忠誠を誓わすためには、冷酷だなどの悪評をなんら気にかけるべきではない。『第17章』

毅然とした態度で、アメとムチを上手に使い分けよう。

まわりの顔色をうかがい、中途半端な態度をとるのは混乱をまねくもと。たとえば後輩が最悪なミスを起こしたら容赦なく叱る。メリハリを持って人と向き合おう。

憐れみぶかくて、混乱をまねき、やがては殺戮（さつりく）や略奪をほしいままにする君主にくらべれば、冷酷な君主のほうは、ごくたまの見せしめの残酷さを示すだけで、ずっと憐れみぶかい人物になるからだ。『第17章』

不用意に動かず、
簡単に信じすぎず、
でも、疑いすぎないこと。

感情に流されて、後先考えずに行動を起こす人。都合の良い話を、すぐ信用する人。知識が浅いせいで視野が狭く、疑り深い人。それは悪い「考え方の癖」。相手のことを思いやり、冷静に考える癖を身につけよう。

かるがるしく信じず、かるがるしく行動を起こさず、(略)思慮と人間味を備えて落ちついて事を運ばなくてはいけない。『第17章』

愛されることと
恐れられることは
両立しがたい。

普段はチームのメンバーと友だちのように
仲良く、肝心なときはビシッと厳しくする。
なんて、都合よくはなかなかいかない。と
きには「一線を引く」という寂しさを受け
入れることも大切かも。

愛されるより恐れられるほうが、はるかに安全である。『第17章』

そもそも人間は気分屋で、偽善的で欲深いもの。

すべてにおいて清廉潔白な人なんて、この世の中にはいない。誰でも欠点のひとつやふたつは持っている。その自覚があれば、自分をコントロールできるし、悪意のある他人から身を守ることもできる。

そもそも人間は、恩知らずで、むら気で、猫かぶりの偽善者で、身の危険をふりはらおうとし、欲得には目がないものだと。『第17章』

利害で結ばれた関係は
いざというとき当てにならない。

幼馴染み、趣味の仲間、同僚など人間関係にも、いろいろなパターンがある。ただし「この人と付き合うと得かも」という打算ありの仲は、脆いもの。メリットがなくなれば、やがて絆は途絶えてしまう。

偉さや気高い心に惹きつけられてでなく、値段で買いとられた友情は、(略)すわというときの当てにはならない。『第17章』

損な役だと思っても、あえて怖がられる存在になろう。

上司から部下まで「みんな仲良くお友だち」チームでは、うまくいかなくなってしまう。目標を達成するには、「厳しくチェックしている人がいる」という緊張感も必要だよ。

<small>民衆が愛するのは、彼らがかってにそうするのである。だが、恐れられるというのは、君主がわざと、そうさせたのである。『第17章』</small>

厳しく叱るときには
説得力のある理由を用意すること。

人に厳しく指導するとき、感情にまかせて怒るだけでは、相手には反発心しか残らない。どう言えば伝わるかを考え、感情論ではなく理詰めで話をすること。理由のない叱責は、くすぶりを残すだけ。

どうしても誰かの血を見る行動に行きつかざるをえないときは、適当な口実としかるべき動機があるときのみ、やるべきである。
『第17章』

恩を仇で返されても、
気にしない。
それはしょうがないこと。

親身になって面倒を見た相手が、その恩を忘れたり、思っていたほど感謝していなかったらガッカリする。腹が立つかもしれないけど、そういうものだとスッパリ割り切った方が心穏やかにいられるよ。

人間はもともと邪なものであるから、ただ恩義の絆で結ばれた愛情などは、自分の利害のからむ機会がやってくれば、たちまち断ち切ってしまう。『第17章』

恨まれることだけは
何があっても
絶対に避けよう。

人に、ことさらに好かれる必要はないけど、「恨まれる」ことだけは避けたほうがいい。恨みを買ってしまうと、常に足を引っ張られる危険がある。「恨まれず、恐れられる」くらいがちょうどいい。

君主は、たとえ愛されなくてもいいが、人から恨みを受けることがなく、しかも恐れられる存在でなければならない。『第17章』

評判や見た目の良さに惑わされず、自分自身で本質を確かめよう。

人は外見や第一印象で判断をしがち。自信に満ちて積極的な人に比べて、おとなしく控えめな人は評価されにくい。でも本当にデキるかどうかは、印象だけではわからない。一緒に過ごすことで中身が見えてくる。

総じて人間は、手にとって触れるよりも、目で見たことだけで判断してしまう。『第18章』

相手にあわせて
アプローチ方法を変えるのは、
大事なスキル。

お客さんや目上の人からの印象を良くするために八方美人になる。本心とは違うからって、「自分を偽っている」と自己嫌悪に陥る必要なんてない。相手に合わせてアプローチ方法を変えるのもスキルのひとつ。

じょうずに粉飾するのが大事で、みごとに猫かぶりになり、厚かましくなければいけない。『第18章』

口約束は
果たされるとは限らない。
信じ過ぎないこと。

「約束は守る」。これは人として当たり前。
でも、中にはできない約束をして、でまか
せを言う調子のいい人もいる。知り合って
間もない相手は、信じ過ぎず、見極める冷
静さを持とう。

人間は邪悪なもので、あなたへの約束を忠実に守るものでもな
いから、あなたのほうも他人に信義を守る必要はない。『第18章』

「舞台女優」気分で、臨機応変に役割を演じよう。

いろいろな場面で、それぞれの立場や役割にふさわしい振る舞いがある。緊張するシーンは「舞台女優」気分で乗り切ってみよう。相手もキミの演技にうまく騙されてくれるかも。

人間は、いたって単純であり目先の必要性にはなはだ動かされやすいから、だまそうと思う人にとって、だまされる人間はざらに見つかる。『第18章』

本当は自信がなくても
堂々と振る舞えば
印象を変えられる。

「この良さが伝わるかな……」と不安そうにアピールしても、誰もその話には見向きもしない。でも、自信満々に熱く語れば、興味を持ってくれるはず。相手の抱く印象は、キミの態度次第。

よい気質を何から何まで現実にそなえている必要はない。しかし、そなえているように見せることが大切である。『第18章』

いつまでもひとつの
やり方に固執しないこと。

一本筋の通った、ポリシーがあるのは基本的には良いこと。でもこだわりすぎて、周りが見えなくなるのは危険。状況に応じて主義を変えたり、自分とは違うやり方でも、良いものは取り入れる柔軟さを持とう。

まったく逆の気質に変わりうる、ないしは変わる術を心得ている、その心がまえがなくてはいけない。『第18章』

時代や状況の変化に
しなやかに対応しよう。

いままで順調に進んでいたことが、突然、逆風にさらされることがある。判断を先送りにしていると、どんどん時代に取り残されてしまう。敏感に時代の変わり目を見極め、対応できるようにしよう。

運命の風向きと事態の変化の命じるがままに、変幻自在の心がまえをもつ必要がある。『第18章』

正論が通らないときは
潔く妥協することも
選択肢のひとつ。

明らかに相手が間違っていて、自分のほうが正しい。そんな場面に立ったとき、正論を押し通すメリットよりデメリットのほうが大きいなら、残念だけど、不本意でもあえて相手の意見を飲むことも考えよう。

なるべくならばよいことから離れずに、必要にせまられれば、悪に踏みこんでいくことも心得ておかなければいけない。『第18章』

優れた人が兼ね備えている「5つの気質」。

優れた人とは「慈悲ぶかく、信義に厚く、裏表なく、人情味があって、敬虔」に見える。実際に、5つすべてが備わっているかどうかは、他人は計り知れない。「5つの気質がある」ように見せられるかが大切なんだ。

<small>慈悲ぶかく、信義に厚く、裏表なく、人情味にあふれ、宗教心のあつい人物と思われるように心を配らなくてはいけない。『第18章』</small>

まずは外見から「こう見られたい自分」をプロデュースしよう。

人は外見で判断するもの。内面なんて、そう簡単にはわからない。だからこそ、相手に与えたい印象にあわせたメイクや服装、振る舞いを意識して取り入れることも自己プロデュースの大事な秘訣。

人はみな外見だけであなたを知り、ごくわずかな人しかじっさいにあなたと接触できない。『第18章』

たいていの人は
プロセスは見ずに
結果で判断する。

誰よりも早く出社し遅くまで残業して、無我夢中に働いていても、結果がでなければ評価に繋がらない。でもそこで諦めたら終わり。「いつか見返してやる！」という、その怒りを成長する力に変えよう。

大衆はつねに、外見だけを見て、また出来事の結果で判断してしまうものだ。『第18章』

一度決断したことは、
簡単にひっくり返さない。

一度決めたことを、簡単に変更したり、目前で帳消しにしたりすると、気分屋だとか決断力がない人だと見られてしまう。大事なことは思いつきで決めないこと。くれぐれも自分の発言には責任を持とう。

軽蔑されるのは、君主が気が変わりやすく、軽薄で、女性的で、臆病で、決断力がないとみられるためである。『第19章』

「力」がなくても、「人」があなたを守ってくれる。

立場が上でも人望がなく孤立している人は、反発を受けるリスクが大きい。一方、人気者で周りに信頼されている人には、簡単には手出しがしにくい。「権力」がなくても、「人」がタテとなって守ってくれる。

民衆の厚い信望に支えられているとなれば、どんなに向こう見ずな人間でもとても謀反にはふみきれない。『第19章』

本当の味方は
「あの人」かもしれない。

初対面の印象が悪かったのに、一緒に過ごすうちに誤解もとけ、相手の本質が見えてきて、強い絆で結ばれることがある。ギャップがあるほど、わかりあえてからの信頼関係は強まりやすい。

政権の当初に疑わしくみえた人物のほうが、初めから信頼していた者より忠誠心が深く、より役に立つことである。『第 20 章』

カタチを整える前に、
仲間の気持ちを
まとめよう。

職場のレイアウト、仕事の仕組みやルールなど枠組みをはりきって整える。でも、肝心のそこで働く人間のやる気が出なければ意味がない。カタチから入る前に、まずは仲間の心をまとめること。

どんな城を構えてみても、民衆の憎しみを買っては、城があなたを救ってはくれない。『第20章』

まずは自分から、
お手本を見せること。

人に何かを教えるとき、口でいろいろ説明するより、実際にやってみせたほうが理解されやすい。同じように、人に大きな目標を課すのなら、まずは自分からお手本となる大きな仕事をやってみせよう。そうすれば、尊敬されるし、説得力も増す。

君主が衆望を集めるには、なによりも大事業（戦争）をおこない、みずからが類いまれな手本を示すことである。『第21章』

決断力のない人ほど
中立の立場でいようとする。

ふたつの意見や立場が対立したときに、面倒に巻き込まれたくないからって、どっちつかずの態度はやめたほうがいい。決断力のない人、面倒から逃げる人だと、軽んじられることになる。

決断力のない君主は、当面の危機を回避しようとするあまり、多くのばあい中立の道を選ぶ。『第21章』

ベストな選択ができなければ
第2、第3の道を
探せばいい。

いくつかの選択肢がある場合、理想をすべて満たすものがあればいいけれど実際はそうはいかない。だとしたら、それぞれの利点と欠点を慎重に見極めて、一番まともそうなものを選ぶこと。

思慮の深さとは、いろいろの難題の性質を察知すること、しかもいちばん害の少ないものを、上策として選ぶことをさす。『第21章』

実力のある人には、
どんどん任せよう。

数字に強い人、根気強い人、調整力のある人、突破力のある人。この分野は任せろ、という人は周りにたくさんいるはず。すべての分野で優秀な人を探すのは難しいけど、それぞれの強みを最大限に引き出して、強いチームを作ろう。

〔実力のある人物を重用し〕、一芸にひいでた人を賞揚(しょうよう)して、みずからが力量ある人に肩入れしていることを示さなければならない。『第21章』

人は感情で動くもの。
安心感を与えられる
存在になろう。

人は感情に左右されやすく、メンタルの状態がそのまま結果に出てしまう。心配事を抱えた人の相談にのり、自信がない人には励ましの声をかけよう。「自分を見てくれている」。その安心感がやる気につながる。

各自が安心して仕事に従事できるように、勇気づけなくてはいけない。『第 21 章』

みんなが楽しめる
イベントを企画してみよう。

チームをまとめるために、たまには、みんなで息抜きできる場を作ろう。お花見やバーベキュー、お食事会など、誰もが参加できる、楽しめるイベントは、いつもとは違う一面をお互い見られて、メンバー同士の絆もより深く、関係もスムーズになるはずだよ。

一年の適当な時期に、祭りや催し物を開き、民衆の心をそれに夢中にさせることである。『第21章』

リーダーの能力は
メンバーを
見ればわかる。

あるリーダーの力量を知りたければ、「側近」を観察しよう。周りにいる人がキレ者で優秀なら、その人は才能を見る目があり人材を生かせる優秀な人だということ。「側近」が口だけの人物だとしたら、リーダーもその程度だということだよ。

側近が有能で誠実であれば、その君主は聡明だと評価してまちがいない。『第22章』

自分に不可欠な、
手放したくない人には
手厚いフォローを。

本当に優秀な人との関係を繋ぎとめる努力を怠らずに。責任のあるポジションを与えて、高く評価する。プライベートな相談にも親身になって、信頼関係を維持しよう。

君主は、秘書官に忠誠心をもたせるために、名誉を与え、暮らしを豊かにし、恩義をかけ、栄誉と責務とを分かちあって、彼の身の上のことを考えてやらなければいけない。『第22章』

正しい情報を摑む
目と耳を養おう。

ネットやテレビ、人の噂など、ちまたに溢れている無数の情報から正しいものを選ぶのは大変。都合のいい情報ばかり聞こうとしない、信頼できる情報源を見つけるなど、正しい情報を摑む技を身につけよう。

君主は、幅広く自由な聴き手でなくてはいけない。そのうえ、訊ねたことについて、忍耐強い、真実を知る聴き手でなくてはいけない。『第23章』

調子が良いときこそ、
起こり得るトラブルに
備えよう。

状況が安定しているときに、嵐のことなんて考えたくない。でも永遠に晴天は続かない。雲行きが悪くなる前に、余裕があるときにこそ、最悪のケースに備えること。

いいかえれば、凪の日に、時化のことなど想ってもみないのは、人間共通の弱点であって——彼らもまた、平穏な時代に天候の変わることをまったく考えなかった。『第24章』

人の助けはアテにしない。
「もしも」のときへの対策は
自力で練っておこう。

トラブルはつきもの。事前に対策が立てられるものもあれば、発生した時点で解決策を探す場合もある。でも、「誰かが手助けしてくれるはず」という甘い考えは「対策」とは呼べないことを、肝に銘じよう。

誰かが助け起こしてくれるような事態は、まず起こりはしない。
『第24章』

起きてしまったことの半分は運命の仕業。残りの半分は自分の責任。

自分の力ではどうにもできない出来事は多い。でも、悪い結果をすべて「運」のせいにしていたら成長できない。「運が半分、実力が半分」と考えて物事に取り組もう。

かりに運命が人間活動の半分を、思いのままに裁定しえたとしても、少なくともあとの半分か、半分近くは、運命がわれわれの支配にまかせてくれている（略）。『第25章』

たったひとつの傷口から、
被害は次々と広がっていく。

たとえば洪水の場合。堤防が脆いところから、川の水が浸入し被害が拡大していく。それは人にも当てはまる。ひとつの弱点がきっかけで、次々と悪循環に陥らないため、弱点はできるだけ克服していこう。

運命は、まだ抵抗力がついていないところで、猛威をふるうもので、堤防や堰ができていない、阻止されないと見るところに、その鉾先を向けてくる。『第25章』

運命は変化するもの。
流れに合わせて、
やり方を変えてみよう。

「運命」は、つねに揺れ動くもの。自分のポリシーにこだわりすぎると、その変化に対応できず、取り残されてしまう。しっくりこなくても大きな流れに身を委ねてみたら、思わぬ幸運に出会えるかもしれない。

運命は変化するものである。人が自己流のやり方にこだわれば、運命と人の行き方が合致するばあいは成功するが、しないばあいは、不幸な目を見る。『第25章』

慎重すぎては
タイミングを逸してしまう。
無謀なくらいがちょうどいい。

誰でも失敗したくないし、守るものがあればより慎重になる。でも、完璧さを求めていたらチャンスを逃してしまう。少しくらい態勢が整っていなくても、思い切って走り出す無謀さを持とう。

人は、慎重であるよりは、むしろ果断に進むほうがよい。『第25章』

運命の女神を
自分の力で
振り向かせよう。

運命の女神が微笑むのを待つだけでは、何も変わらない。無理やりこちらに向かせるくらい、強引になってみよう。慎重でクールなタイプよりも、無鉄砲で熱いタイプのほうが女神には好かれるかも。

運命は女神だから、彼女を征服しようとすれば、打ちのめし、突きとばす必要がある。『第25章』

マキアヴェリ著／池田 廉訳
『君主論』(中公クラシックス)から訳文を転載しました。

ブックデザイン　福間優子
原稿協力　日吉久代

バッドばつ丸の『君主論』
逆境でも運命を制する技術

2016年 6 月30日　第1刷発行
2024年 1 月30日　第6刷発行

編　者　朝日文庫編集部
発行者　宇都宮健太朗
発行所　朝日新聞出版
　　　　〒104-8011　東京都中央区築地 5-3-2
　　　　電話 03－5541－8832(編集) 03－5540－7793(販売)
印刷製本　大日本印刷株式会社

©2016 Asahi Shimbun Publications Inc.
©2024 SANRIO CO., LTD.TOKYO,JAPAN Ⓗ
キャラクター著作　株式会社 サンリオ
Published in Japan by Asahi Shimbun Publications Inc.
ISBN978-4-02-264816-7
＊定価はカバーに表示してあります
落丁・乱丁の場合は弊社業務部(電話 03－5540－7800)へご連絡ください。
送料弊社負担にてお取り替えいたします。